세상이 변해도
배움의 즐거움은
변함없도록

시대는 빠르게 변해도
배움의 즐거움은
변함없어야 하기에

어제의 비상은
남다른 교재부터
결이 다른 콘텐츠
전에 없던 교육 플랫폼까지

변함없는 혁신으로
교육 문화 환경의 새로운 전형을
실현해왔습니다.

비상은 오늘, 다시 한번
새로운 교육 문화 환경을 실현하기 위한
또 하나의 혁신을 시작합니다.

오늘의 내가 어제의 나를 초월하고
오늘의 교육이 어제의 교육을 초월하여
배움의 즐거움을 지속하는 혁신,

바로, 메타인지 기반 완전 학습을.

상상을 실현하는 교육 문화 기업 비상

메타인지 기반 완전 학습
초월을 뜻하는 meta와 생각을 뜻하는 인지가 결합한 메타인지는
자신이 알고 모르는 것을 스스로 구분하고 학습계획을 세우도록 하는
궁극의 학습 능력입니다. 비상의 메타인지 기반 완전 학습 시스템은
잠들어 있는 메타인지를 깨워 공부를 100% 내 것으로 만들도록 합니다.

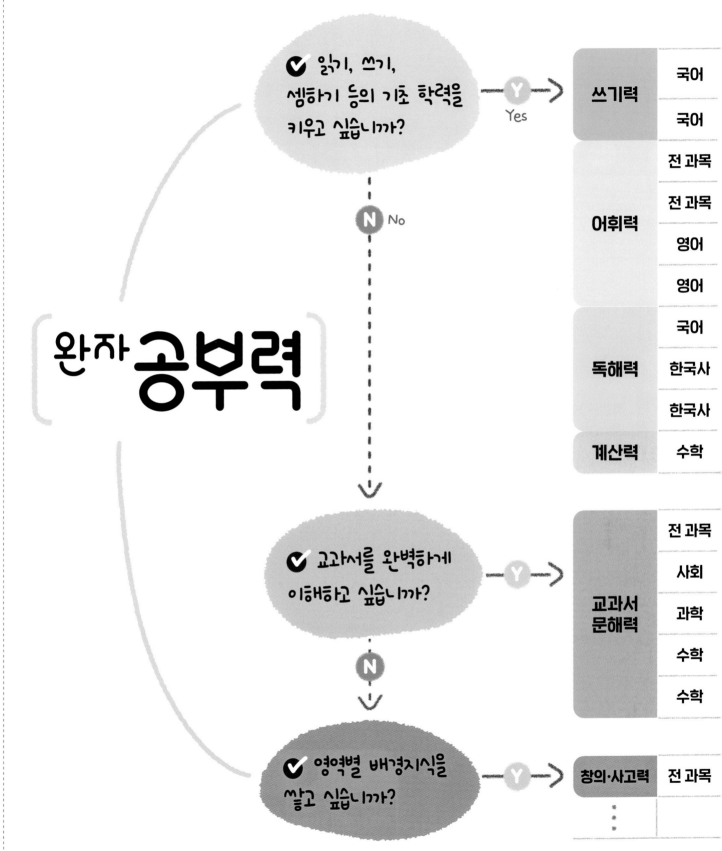

완자 **공부력**

읽기, 쓰기, 셈하기 등의 기초 학력을 키우고 싶습니까?

Y Yes

쓰기력 국어
국어

어휘력 전 과목
전 과목
영어
영어

독해력 국어
한국사
한국사

계산력 수학

N No

교과서를 완벽하게 이해하고 싶습니까?

Y

**교과서
문해력** 전 과목
사회
과학
수학
수학

N

영역별 배경지식을 쌓고 싶습니까?

Y

창의·사고력 전 과목

	예비 초등			1-2학년				3-4학년				5-6학년				예비 중등	
한글 바로 쓰기	P1	P2	P3														
	P1~3_활동 모음집																
맞춤법 바로 쓰기				1A	1B	2A	2B										
어휘				1A	1B	2A	2B	3A	3B	4A	4B	5A	5B	6A	6B		
한자 어휘				1A	1B	2A	2B	3A	3B	4A	4B	5A	5B	6A	6B		
파닉스				1		2											
영단어								3A	3B	4A	4B	5A	5B	6A	6B		
독해	P1		P2	1A	1B	2A	2B	3A	3B	4A	4B	5A	5B	6A	6B		
독해 인물편								1		2		3		4			
독해 시대편								1		2		3		4			
계산				1A	1B	2A	2B	3A	3B	4A	4B	5A	5B	6A	6B	7A	7B
교과서가 술술 읽히는 서술어				1A	1B	2A	2B	3A	3B	4A	4B	5A	5B	6A	6B		
교과서 독해								3A	3B	4A	4B	5A	5B	6A	6B		
교과서 독해								3A	3B	4A	4B	5A	5B	6A	6B		
문장제 기본				1A	1B	2A	2B	3A	3B	4A	4B	5A	5B	6A	6B		
문장제 발전				1A	1B	2A	2B	3A	3B	4A	4B	5A	5B	6A	6B		
교과서 놀이 활동북	1 2 3 4 (예비 초등 ~ 초등 2학년)																

공부로 이끄는 힘

완자 공부력

독해·시작하기

P2·긴 글 읽기

이렇게 공부해요

독해 주제와 관련된
놀이 활동으로
가볍게 학습을 준비해요!

교재 뒤에 있는
붙임딱지를
활용한 활동도 있어요!

흥미로운 주제의 글을 읽어요.
QR 코드를 찍으면
들을 수도 있어요.

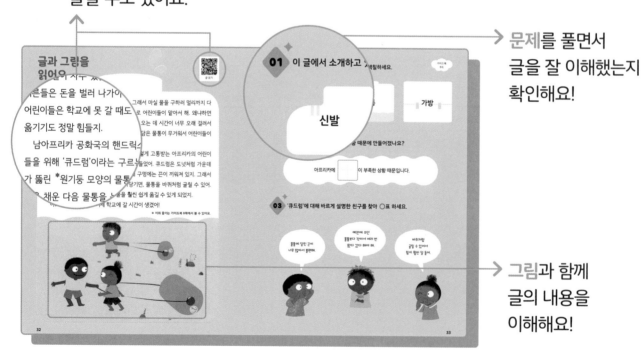

문제를 풀면서
글을 잘 이해했는지
확인해요!

그림과 함께
글의 내용을
이해해요!

- ☑ 하루에 4쪽씩 즐겁게 공부 습관을 키워요!
- ☑ 다양한 주제로 풍부한 배경지식을 쌓아요!
- ☑ 놀이 활동을 통해 자연스럽게 독해 실력을 쌓아요!

주제와 관련된 낱말을
놀이 활동으로
재미있게 알아봐요!

학습 진도표

매일 학습이 끝난 뒤에
붙임딱지를 붙여서
학습 진도표를 완성해요!

가이드북

코칭을 위한
가이드북을 활용하여
아이의 학습을 도와요!

P2 긴 글 읽기

차례

P1 짧은 글 읽기 ——————— 글감 미리 보기

하루 4쪽 공부 습관!
스스로 공부하는 힘을
키워 볼까요?

내 사진을 붙이거나,
내 얼굴을 그려요!

오늘부터
공부력 독해 시작하기를
꾸준히 공부할

내 이름은

입니다.

공부를 시작한 날짜   년   월   일

01
어린이를 위한 클래식 음악회

붙임딱지를 붙여서 숲속 동물들의 음악회 모습을 완성해 보세요.

글과 그림을 읽어요

글 읽기

승우의 음악회 감상문

다녀온 날짜와 시간 10월 2일 오후 4시 30분   **장소** 하늘 공연장

느낀 점 ─────────────────────

　어제 부모님과 함께 '어린이를 위한 클래식 음악회'에 다녀왔다. 첫 순서는 *오케스트라 연주였다. 〈젓가락 행진곡〉처럼 내가 아는 곡을 들을 수 있어서 반가웠다. 연주회가 끝난 뒤에는 연주자들이 악기를 가까이에서 보여 주면서 악기에 대해 설명해 줬다. 나는 바이올린을 살펴봤는데, 4개의 줄만으로 아름다운 소리를 낼 수 있다는 것이 정말 신기했다.

　마지막 순서는 연주자들과 어린이들이 함께 〈반짝반짝 작은 별〉을 연주하는 시간이었다. 탬버린, 트라이앵글, *우쿨렐레 등 각자 가져온 여러 가지 악기로 〈반짝반짝 작은 별〉을 연주했다. 나도 리코더를 꺼내 불었다. 연주자들과 함께 연주를 하다 보니 내가 진짜 오케스트라 연주자가 된 기분이 들었다. 부모님도 연주를 마친 나에게 박수를 많이 보내 주셔서 정말 뿌듯했다.

＊ 어휘 풀이는 가이드북 2쪽에서 볼 수 있어요.

01 승우가 음악회에 가져간 악기는 무엇인지 쓰세요.

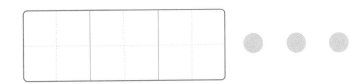

02 글을 읽고 음악회가 진행된 순서에 맞게 1~3의 번호를 쓰세요.

03 이 글의 내용으로 알맞은 것은 ◯표, 알맞지 <u>않은</u> 것은 ✕표 하세요.

연주자들은 연주한 악기에 대해 설명해 주었다.

승우는 어린이를 위한 클래식 음악회에 다녀왔다.

연주자들과 어린이들은 <젓가락 행진곡>을 함께 연주했다.

낱말과
놀아요

● 사다리를 타고 내려가 주어진 악기의 이름을 따라 쓰세요. ●

팀파니 바이올린 플루트 트럼펫

02
색깔이 변하는 식물, 란타나

● 붙임딱지를 붙여서 식물원의 모습을 완성해 보세요. ●

붙임딱지
1쪽

붙임딱지
1쪽

붙임딱지
1쪽

튤립

글과 그림을 읽어요

시아의 식물 관찰 보고서

관찰 식물   란타나

관찰 장소   푸른 식물원

관찰 및 조사 내용

✔ 생김새

• 잎: 달걀 모양의 *타원형이고 끝이 뾰족함.

• 꽃: 작은 꽃이 빽빽이 달려 있음.

   분홍색, 주황색, 노란색, 붉은색 등 꽃의 색이 다양함.

✔ 특징

• 시간이 지나면서 꽃의 색이 여러 번 변함.

• 나무 전체에 *독성이 있음. 특히 열매는 독성이 강해서 먹지 말아야 함.

느낀 점

   하나의 꽃이 *카멜레온처럼 여러 가지 색깔로 변한다는 것이 무척 신기했다. 카멜레온의 매력을 가진 식물, 란타나! 그런데 이런 아름다운 식물에 독이 감춰져 있었다니……. 식물이 아름답다고 함부로 만지거나 입에 넣으면 위험하다는 것을 새롭게 알게 되었다.

✳ 어휘 풀이는 가이드북 3쪽에서 볼 수 있어요.

01 다음 중 란타나의 잎에 대한 설명이
맞는 부분에만 색칠하세요.

가이드북
3쪽

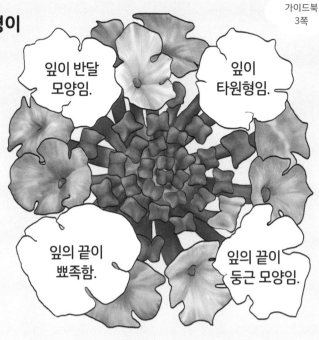

잎이 반달
모양임.

잎이
타원형임.

잎의 끝이
뾰족함.

잎의 끝이
둥근 모양임.

 02 시아가 란타나를 '카멜레온의 매력을 가진 식물'이라고 한 이유는 무엇일까요?

시간이 지나면서 의 색이 여러 번 변하기 때문이다.

 03 다음 대화 속 빈칸에 들어갈 말로 알맞은 것을 찾아 V표 하세요.

와! 예쁘다. 오빠,
우리 이 란타나 기를까?

예쁘긴 하지만 우리 집에서는 기르지
않는 게 좋겠어. 왜냐하면 ☐☐☐☐

란타나는 꽃향기가 너무 강해서
머리가 아플 수 있거든.

란타나의 열매에는 독이 있어서
강아지가 먹으면 위험하거든.

13

식물의 각 부분의 이름을 <보기>에서 찾아 쓰세요.

보기 꽃 잎 뿌리 열매 줄기

03
꼬치 요리를 만들어요

가이드북
4쪽

✿ 그림을 살펴보고 <보기>의 숨은 그림 5개를 모두 찾아 ◯표 하세요. ✿

보기   딸기   키위   포도   멜론   파인애플

글과 그림을 읽어요

안녕하세요. 냠냠 TV의 라미 언니예요. 오늘 만들 요리는 바로 '꼬치'랍니다. 꼬치는 이렇게 긴 꼬챙이에 꿴 음식을 말해요. 꼬챙이에 어떤 재료를 꿰느냐에 따라 다양한 꼬치 요리를 만들 수 있죠.

오늘은 '새콤달콤 꼬치'를 만들 거예요. 딸기, 키위, 파인애플, 그리고 요리용 꼬챙이를 준비해요. 그럼 시작해 볼까요?

준비한 재료는 안전 칼을 이용해서 한입 크기로 썰어요. 그리고 꼬챙이에 꿰어 주세요. 여기서 잠깐! 재료를 꿸 때 날카로운 꼬챙이의 끝에 찔리지 않도록 조심하세요. 파인애플, 딸기, 파인애플, 키위의 순서대로 꿸게요. 재료를 모두 꿰면 '새콤달콤 꼬치' 완성!

과일이나 채소뿐만 아니라 여러분이 좋아하는 여러 가지 재료로 다양한 꼬치 요리를 만들어 보세요. 그럼 다음 시간에 만나요. 안녕!

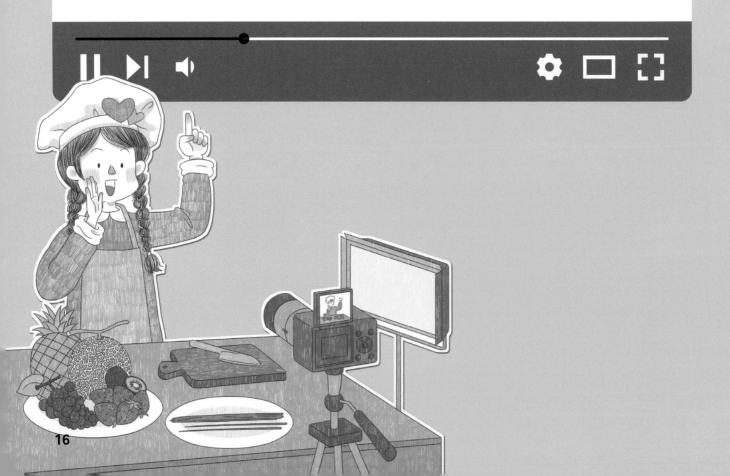

01 '긴 꼬챙이에 꿴 음식'을 의미하는 말을 찾아 색칠하세요.

찌개   꼬치   구이

02 다음은 '새콤달콤 꼬치'를 만드는 순서예요. 빈칸에 들어갈 알맞은 말을 쓰세요.

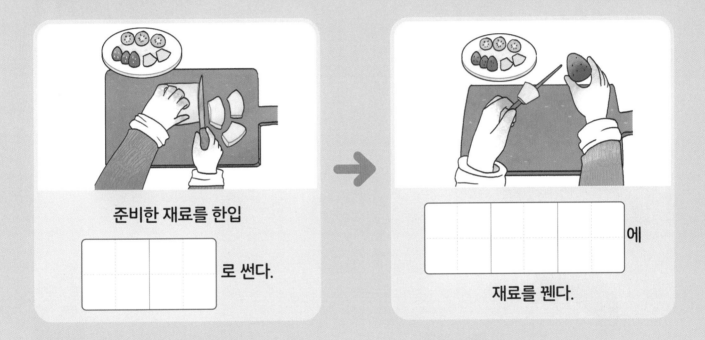

준비한 재료를 한입

로 썬다.

에

재료를 꿴다.

03 라미 언니가 말한 순서대로 붙임딱지를 붙여 꼬치를 완성해 보세요.

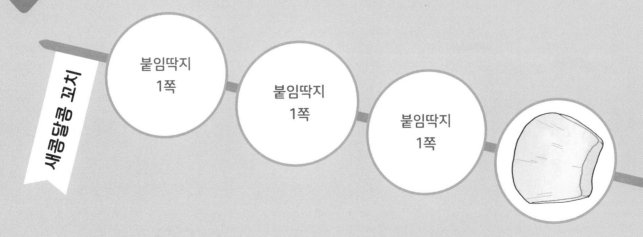

새콤달콤 꼬치

붙임딱지
1쪽

붙임딱지
1쪽

붙임딱지
1쪽

17

낱말과 놀아요

과일의 종류가 _____ .

유치원에 가려고 _____ .

장미 가시에 _____ .

길을 건널 때 차를 _____ .

찔리다

다양하다

준비하다

조심하다

18

04
조선 시대 최고의 발명가, 장영실

● 내가 발명하고 싶은 물건을 상상하여 빈칸에 그려 보세요. ●

나는 [   ] 을/를 발명하고 싶어.

글과 그림을
읽어요

글 읽기

　장영실은 조선 시대 최고의 발명가예요. *노비로 태어난 장영실은 어릴 때부터 손재주가 뛰어났고, 그 능력을 인정받아 궁궐에서 일하게 되었어요. 어느 날 세종 대왕은 장영실에게 하늘을 관찰할 수 있는 *기구를 만들어 보라고 했지요. 장영실은 많은 연구 끝에 해와 달, 별의 움직임을 살펴볼 수 있는 '혼천의'를 만들게 되었어요.

　장영실은 그 후로도 연구를 멈추지 않았고, 해시계 '앙부일구'를 발명했어요. 가마솥처럼 오목하고 둥근 모양의 틀에 뾰족한 침이 있어, 그 그림자를 통해 시간을 알 수 있게 했죠. 또 날씨의 영향을 받지 않고 시간을 알 수 있는 물시계 '자격루'도 만들었어요. 크고 작은 항아리, 둥글고 긴 기둥을 통해 물이 일정한 속도로 떨어지도록 하여 시간을 알 수 있게 했어요.

　이러한 노력 덕분에 장영실은 노비 신분에서 벗어나 *벼슬을 받았고, 조선의 과학은 크게 발전할 수 있었답니다.

＊ 어휘 풀이는 가이드북 5쪽에서 볼 수 있어요.

01 이 글은 누구에 대한 이야기인지 인물의 이름을 쓰세요.

02 이 글의 내용으로 알맞은 것을 모두 찾아 V표 하세요.(2개)

장영실은 노비 신분으로 태어났다.

세종 대왕은 장영실에게 한글을 만들게 했다.

장영실은 조선의 과학 발전에 영향을 주었다.

03 이 글을 읽고 장영실의 발명품 사진과 그 종류를 바르게 연결하세요.

•

•

물시계

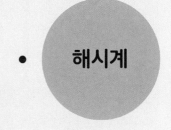
해시계

낱말과 놀아요

다음 낱말을 글자판에서 모두 찾아 ○표 하세요.

장영실　　혼천의　　자격루　　앙부일구

시	자	격	루	주	정
강	보	달	해	사	파
앙	장	영	실	우	후
부	치	찬	혼	고	측
일	계	레	이	천	표
구	추	궁	양	마	의

가이드북
6쪽

05
스페인에서 축제가 열렸어요

● 다음 힌트를 보고 퀴즈의 정답을 찾아 색칠하세요. ●

이것은 무엇일까?

먹는 거야.

세 글자야.

둥그스름해.

케첩의 재료야.

처음과 끝의 글자가 똑같아.

빨간색이야.

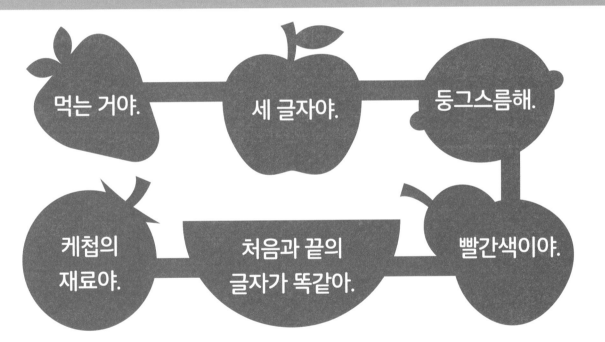

| 바나나 | 토마토 | 토스트 |

글과 그림을
읽어요

글 읽기

*시청자 여러분, 안녕하십니까? 저는 지금 토마토 축제가 한창인 스페인의 도시 부뇰에 나와 있습니다. 이곳에서는 매년 8월 마지막 주 수요일에 토마토 축제가 열리는데요. 지금 거리에는 수많은 주민과 *관광객들이 모여 토마토를 서로에게 던지며 축제를 즐기고 있습니다.

많은 사람들이 모인 축제인 만큼 안전을 위한 행사 규칙을 따르는 것이 중요합니다. 먼저 잘 익은 토마토라도 손으로 꽉 쥐어서 으깬 뒤에 던져야 합니다. 또한 다른 사람의 옷을 잡아당기거나 찢으면 안 됩니다.

규칙을 지키면 모두가 즐거운 축제를 즐길 수 있습니다. 그럼 저와 함께 잠시 축제의 모습을 감상해 보시죠.

✱ 어휘 풀이는 가이드북 6쪽에서 볼 수 있어요.

01 이 글에서 소개하고 있는 축제의 행사를 찾아 색칠하세요.

토마토 옮기기　　　토마토 던지기　　　토마토 요리하기

 02 이 글에서 소개하고 있는 축제가 열리는 날짜를 달력에서 찾아 〇표 하세요.

8월

일	월	화	수	목	금	토
		1	2	3	4	5
6	7	8	9	10	11	12
13	14	15	16	17	18	19
20	21	22	23	24	25	26
27	28	29	30	31		

 03 축제에서 지켜야 하는 행동으로 알맞은 것을 모두 찾아 V표 하세요.(2개)

토마토를 손으로 으깬 뒤에 던진다.

남자는 남자끼리, 여자는 여자끼리 던진다.

다른 사람의 옷을 잡아당기거나 찢지 않는다.

25

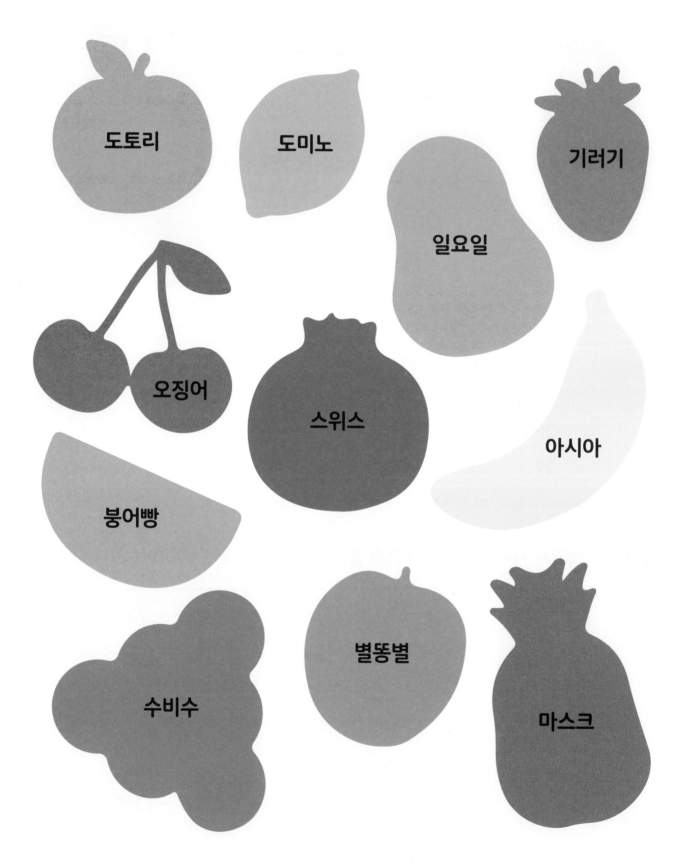

도토리

도미노

기러기

일요일

오징어

스위스

아시아

붕어빵

수비수

별똥별

마스크

06
이상한 나라의 앨리스

🌸 그림을 살펴보고 <보기>의 숨은 그림 5개를 모두 찾아 ⭕표 하세요.

| 보기 | 부채 시계 장갑 카드 고슴도치 |

글과 그림을 읽어요

글 읽기

앨리스는 서둘러 흰토끼를 쫓아갔지만, *모퉁이를 돌았을 때 흰토끼는 이미 사라지고 없었어요. 그리고 탁자 위에서 '나를 마셔요.'라고 쓰여 있는 작은 병을 발견했지요. 호기심에 조금 마셔 보니 맛이 정말 좋았어요. 앨리스는 병에 담긴 것을 몽땅 마셔 버렸어요.

"어, 이상해. 내 몸이 줄어드는 것 같아."

정말로 앨리스의 키는 아주 작아졌어요.

조금 뒤 앨리스는 탁자 아래에 있는 작은 상자를 발견했어요. 상자 속에는 '나를 먹어요.'라고 쓰여 있는 케이크가 있었어요. 앨리스는 케이크를 맛있게 먹었어요. 그러자 이번에는 앨리스의 키가 *거인만큼 커졌어요. 놀란 앨리스는 주저앉아 울기 시작했죠. 그때 사라졌던 흰토끼가 앨리스의 앞을 지나갔어요. 앨리스는 흰토끼를 불렀지요. 그런데 앨리스를 본 흰토끼는 깜짝 놀라서 들고 있던 장갑과 부채를 떨어뜨리고 달아났어요.

* 어휘 풀이는 가이드북 7쪽에서 볼 수 있어요.

01 앨리스가 누구를 쫓아갔는지 찾아 쓰세요.

가이드북
7쪽

02 앨리스의 키가 달라진 이유에 맞게 붙임딱지를 붙여 보세요.

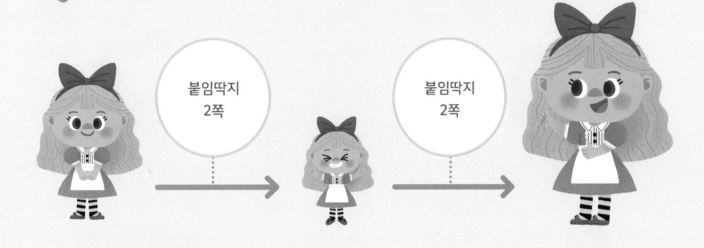

붙임딱지
2쪽

붙임딱지
2쪽

03 이 글의 내용으로 알맞은 것을 모두 찾아 V표 하세요.(2개)

흰토끼는 장갑과 부채를 떨어뜨렸다.

앨리스는 키가 거인만큼 커지자 기뻐했다.

앨리스는 작은 병에 담긴 것을 모두 마셨다.

● 서로 반대되는 뜻의 낱말끼리 바르게 연결하세요. ●

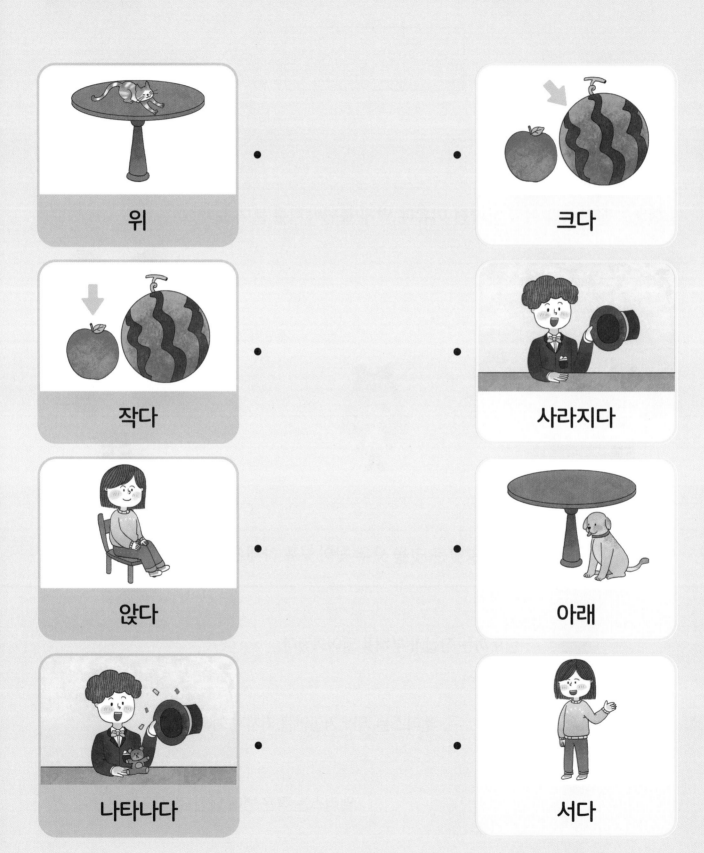

위

크다

작다

사라지다

앉다

아래

나타나다

서다

07
착한 기술을 나누어요

🌼 붙임딱지를 붙이며 아프리카에 대해 알아보세요. 🌼

글과 그림을
읽어요

글 읽기

아프리카에는 물이 부족한 곳이 많아. 그래서 마실 물을 구하러 멀리까지 다녀오는 일이 자주 있는데, 이 힘든 일을 주로 어린이들이 맡아서 해. 왜냐하면 어른들은 돈을 벌러 나가야 하거든. 물을 떠 오는 데 시간이 너무 오래 걸려서 어린이들은 학교에 못 갈 때도 많아. 또 물을 담은 물통이 무거워서 어린이들이 옮기기도 정말 힘들지.

남아프리카 공화국의 핸드릭스 형제는 이렇게 고통받는 아프리카의 어린이들을 위해 '큐드럼'이라는 구르는 물통을 만들었어. 큐드럼은 도넛처럼 가운데가 뚫린 *원기둥 모양의 물통이야. 가운데 구멍에는 끈이 끼워져 있지. 그래서 물을 채운 다음 물통을 눕혀 끈을 잡아당기면, 물통을 바퀴처럼 굴릴 수 있어. 큐드럼 덕분에 한 번에 많은 양의 물을 훨씬 쉽게 옮길 수 있게 되었지.

아프리카 어린이들도 이제 학교에 갈 시간이 생겼어!

✽ 어휘 풀이는 가이드북 8쪽에서 볼 수 있어요.

01 이 글에서 소개하고 있는 물건을 찾아 색칠하세요.

가이드북
8쪽

신발 물통 가방

02 '큐드럼'은 아프리카의 어떤 상황 때문에 만들어졌나요?

아프리카에 [ ] 이 부족한 상황 때문입니다.

03 '큐드럼'에 대해 바르게 설명한 친구를 찾아 ◯표 하세요.

물통에 달린 끈이
너무 많아서 불편해.

예전에 쓰던
물통보다 작아서 여러 번
왔다 갔다 해야 해.

바퀴처럼
굴릴 수 있어서
힘이 훨씬 덜 들어.

낱말과 놀아요

다음 낱말을 따라 써 보고, 주어진 활동을 해 보세요.

무겁다

가볍다

가방, 모자, 곰인형 중에서
가장 무거운 것부터 순서대로 써 봐.

□ , □ , □

08
나와라, 부엌 용사들

● 샌드위치를 만들 수 있도록 <보기>의 재료를 그림에서 모두 찾아 ◯표 하세요. ●

보기 햄 식빵 치즈 양상추 토마토

글과 그림을
읽어요

글 읽기

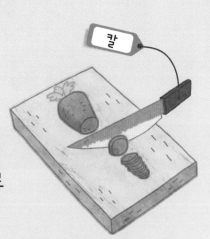

칼

부엌에서 요리를 할 때에는 다양한 *도구를 씁니다.

당근을 자르고 있는 이 도구는 무엇일까요? 바로 '칼'

뒤집개

이에요. 칼의 날은 아주 날카로워서 재료의

껍질을 벗기거나, 재료를 작은 조각으로

자를 때 사용한답니다.

부침개가 맛있게 부쳐지고 있네요. 이런 커다란 부침개를

뒤집을 때에는 어떤 도구를 써야 할까요? 넓적한 '뒤집개'를

쓰면, 음식을 쉽게 뒤집을 수 있답니다.

집게

앗, 뜨거워! 기름이 뜨거우니 조심하세요. 이럴 때 필요한

도구가 바로 '집게'입니다. 집게를 쓰면 뜨거운 음식도, 멀리

있는 음식도 잘 집을 수 있어요.

아빠가 국을 떠 주시네요. 이 도구의 이름

국자

은 무엇일까요? 숟가락을 닮은 이 도구는

'국자'예요. 바닥이 옴폭 들어가 있어서 한 번에 많은 국물을

뜰 수 있지요.

* 어휘 풀이는 가이드북 9쪽에서 볼 수 있어요.

가이드북
9쪽

01 이 글에 어울리는 제목을 찾아 색칠하세요.

세계 여러 나라의
음식

맛있는 튀김을
만드는 방법

요리할 때 쓰는
도구의 종류

02 음식을 뒤집을 때 사용하는 도구의 이름을 찾아 쓰세요.

03 도구의 쓰임에 알맞게 음식 붙임딱지를 붙여 보세요.

국자

붙임딱지
2쪽

칼

붙임딱지
2쪽

집게

붙임딱지
2쪽

🌸 그림을 보고 빈칸에 들어갈 알맞은 낱말을 찾아 연결하세요. 🌸

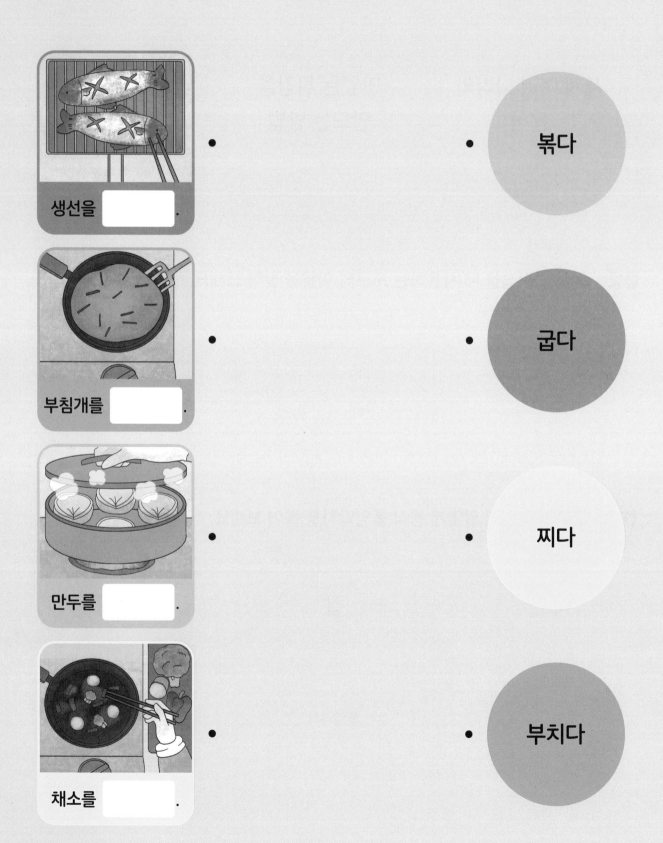

생선을 ▢ .

부침개를 ▢ .

만두를 ▢ .

채소를 ▢ .

볶다

굽다

찌다

부치다

09
세상을 노랗게 물들인 화가, 고흐

● <노란 집>이라는 제목이 어울리도록 그림을 색칠해 보세요. ●

글과 그림을 읽어요

글 읽기

네덜란드에서 태어난 빈센트 반 고흐는 노란색을 사랑한 화가였어요. 그는 노란색으로 '햇빛', '행복'과 같은 밝은 느낌을 표현하고 싶었지요. 그래서 프랑스 남부의 시골 마을로 갔고, 노란 집에서 살며 그 집을 그리기도 했어요. 주변의 아름다운 경치에 반해 온종일 그림만 그리는 고흐를 두고 마을 사람들은 이상하다고 수군댔어요. 친구도 별로 없이 늘 외롭고 쓸쓸했던 고흐는 동생 테오에게 편지를 자주 썼지요.

"테오야, 요즘 나는 강렬한 태양을 닮은 해바라기를 그리고 있단다. 노란색 해바라기는 내게 희망이고 생명이란다. 내 인생 최고의 작품이 될 거야."

고흐의 그림은 생명력이 넘쳤지만, 그 작품의 *가치를 알아보는 사람은 많지 않았어요. 하지만 고흐는 그림 그리는 것을 멈추지 않았어요. 해바라기 여러 송이가 꽃병에 담긴 모습을 그린 〈해바라기〉, 귀에 붕대를 감은 자신의 모습을 그린 *〈자화상〉 등 훌륭한 작품을 많이 남겼답니다.

* 어휘 풀이는 가이드북 10쪽에서 볼 수 있어요.

01 고흐가 노란색을 통해 나타내고 싶었던 감정을 찾아 색칠하세요.

가이드북
10쪽

슬픔 　　　　 행복 　　　　 불행

02 고흐의 작품과 작품의 제목을 바르게 연결하세요.

· 　　· 해바라기 ·

· 자화상 ·　　·

03 이 글의 내용으로 알맞은 것은 ○표, 알맞지 <u>않은</u> 것은 ✕표 하세요.

고흐는 프랑스의 노란 집에서 지냈다.

고흐의 주변에는 늘 친구들이 많았다.

고흐는 동생 테오에게 편지를 자주 썼다.

낱말과
놀아요

따뜻함

행복

사랑

햇빛

기쁨

슬픔

어둠

미움

10
소금을 만드는 맷돌

● 다음 설명을 읽고 퀴즈의 정답을 찾아 ○표 하세요. ●

'맷돌'은 곡식을 가는 데 쓰는 도구야.
둥글넓적한 돌 두 짝에 손잡이가 달려 있지.
윗돌 입구에 곡식을 넣고 손잡이를 돌려서 갈면 돼.

맷돌과 쓰임이 같은
오늘날의 도구는 무엇일까?

| 냄비 | 믹서기 | 전자레인지 |

글 읽기

옛날에 어느 임금님이 신기한 맷돌을 가지고 있었어요. '나와라, 보물!' 하면 보물이 와르르 쏟아지고, '멈춰라, 보물!' 하면 보물이 뚝 그치는 요술 맷돌이었지요. 사람들은 이 신기한 맷돌에 대해 이야기를 했어요.

"우리 임금님에게는 귀한 물건을 많이 얻을 수 있는 신기한 맷돌이 있다네."

그 소문을 듣게 된 도둑은 궁궐로 몰래 숨어들어 임금님의 맷돌을 훔쳤지요. 그리고 배를 타고 멀리 도망가려고 했어요. 도둑은 바다를 건너면서 맷돌로 무엇을 할지 생각했어요. 그러다 비싸고 귀한 소금을 만들어 팔아야겠다고 결심했지요. 그래서 바로 외쳤어요.

"나와라, 소금!"

맷돌에서 소금이 쏟아졌고, 도둑은 기뻤어요. 잠시 후 소금으로 가득 찬 배가 무거워서 기우뚱거리다 가라앉기 시작했어요. 도둑은 너무 놀란 나머지 무슨 말을 해야 할지 생각이 나지 않았어요. 결국 도둑은 맷돌과 함께 깊은 바닷속에 가라앉고 말았지요. 그 후 바닷속에서도 맷돌은 쉬지 않고 계속 돌았어요. 그래서 지금도 바닷물이 짜답니다.

가이드북
11쪽

01 이 글의 중심 소재로, 신기한 능력을 지닌 물건은 무엇인지 쓰세요.

02 일이 일어난 순서에 따라 붙임딱지를 붙여 보세요.

1
붙임딱지
2쪽

2
붙임딱지
2쪽

3
붙임딱지
2쪽

03 배가 가라앉기 전에 도둑이 했어야 하는 말을 찾아 색칠하세요.

나와라, 보물!

멈춰라, 배!

멈춰라, 소금!

낱말과 놀아요

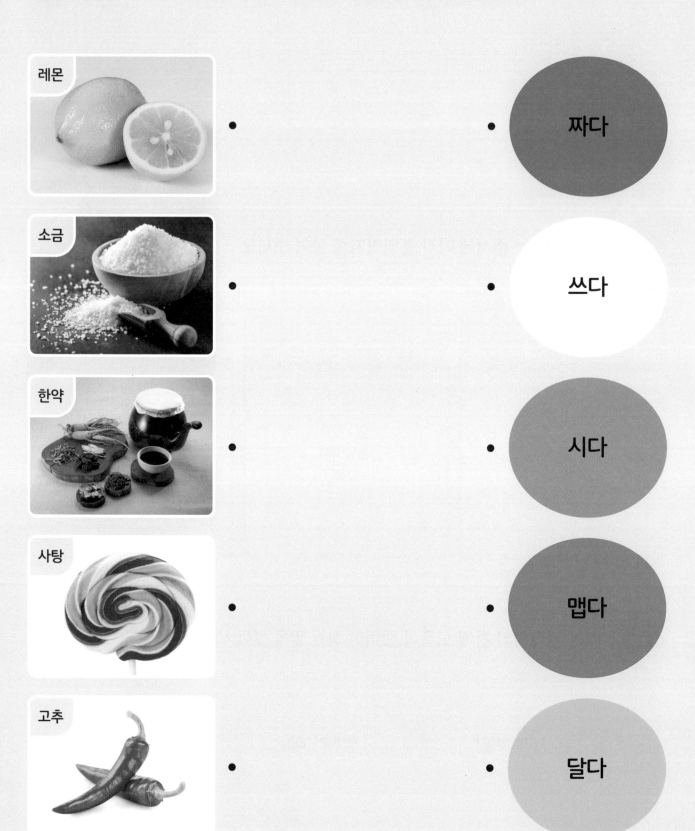

레몬

소금

한약

사탕

고추

짜다

쓰다

시다

맵다

달다

11
제주도 여행 일기

✿ 돌하르방 미로를 통과해 보세요. ✿

출발

도착

글과 그림을 읽어요

서호의 제주도 여행 일기

첫째 날

만장굴, *미로 공원

만장굴은 동굴인데, 정말 길다. 아빠는 만장굴이 좋다고 하셨지만, 나는 그 뒤에 갔던 미로 공원이 더 재미있었다. 처음에는 길을 찾기 어려웠지만 미로를 탈출했을 때는 정말 뿌듯했다.

＊ 어휘 풀이는 가이드북 12쪽에서 볼 수 있어요.

둘째 날

우도, 서빈 백사

제주에서 가까운 섬인 우도에 가서 '서빈 백사'라는 하얀 *모래사장을 구경했다. 그리고 땅콩 아이스크림을 먹었는데 정말 맛있었다. 지금까지 먹어 본 땅콩 중에서 우도 땅콩이 가장 고소했다. 또 먹고 싶다.

넷째 날

천제연 폭포

천제연 폭포는 1~3단까지 총 세 개의 폭포로 이루어져 있다. 그런데 1단 폭포는 비가 많이 내렸을 때에만 볼 수 있다고 한다. 우리가 갔을 때에는 1단 폭포에 물이 흐르지 않아서 조금 아쉬웠다.

셋째 날

정방 폭포

정방 폭포는 *폭포 물이 바다로 바로 떨어지는 게 신기했다. 정방 폭포를 보고 나서 엄마가 쇠소깍에 가자고 하셨다. 하지만 내가 너무 피곤해서 결국 가지 못하고 숙소로 돌아왔다. 엄마한테 미안했다.

가이드북
12쪽

01 서호가 제주에서 가 본 곳을 모두 찾아 V표 하세요.(5개)

☐ 서빈 백사   ☐ 천제연 폭포   ☐ 쇠소깍   ☐ 비자림

☐ 만장굴   ☐ 정방 폭포   ☐ 백록담   ☐ 미로 공원

출처 : 한국관광공사

02 다음은 서호가 제주에서 메모한 내용이에요. 빈칸에 들어갈 알맞은 말을 쓰세요.

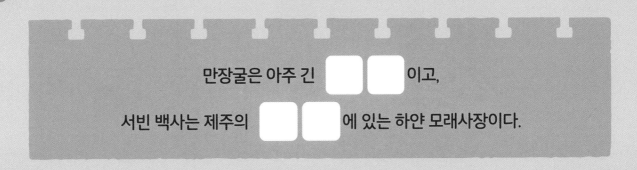

만장굴은 아주 긴 ☐☐ 이고,

서빈 백사는 제주의 ☐☐ 에 있는 하얀 모래사장이다.

03 서호가 천제연 폭포에서 아쉬워한 이유를 찾아 색칠하세요.

쇠소깍에 가지 못해서	1단 폭포에 물이 흐르지 않아서	비가 많이 와서 폭포에 갈 수 없어서

낱말과 놀아요

'방언'은 그 지역에서만 쓰는 말이야.

강생이　　하르방　　둠비　　도새기

두부　　강아지　　돼지　　할아버지

가이드북
13쪽

12
우주인들은 어떻게 생활할까?

● 주어진 그림자를 살펴보고 원래 어떤 그림일지 찾아 ◯표 하세요. ●

글과 그림을 읽어요

글 읽기

질문: 우주선에서는 음식을 어떻게 먹나요?

답변: 지구에는 사람이나 물건을 잡아당기는 힘인 *중력이 있어요. 그래서 땅 위를 자유롭게 걸어 다닐 수 있죠. 하지만 우주에는 중력이 없어서 무엇이든 둥실둥실 떠다녀요. 음식도 마찬가지예요. 그래서 치약처럼 담겨 있는 음식을 꾹 눌러서 짜 먹어요. 어떤 음식은 바짝 말려 두었다가 먹기 직전에 물을 부어서 먹기도 하죠. 또 물은 빨대로 마셔야 한답니다.

질문: 우주선에서는 똥을 어떻게 누나요?

답변: 우주선의 화장실에는 손잡이와 발판이 달려 있어요. 여기에 몸을 *고정하고 똥을 누지요. 그러면 물 대신 공기가 똥을 청소기처럼 쏙 빨아들인 다음 한곳에 모아서 말려요. 말린 똥은 지구에 가지고 와서 우주인의 건강 상태를 확인하는 데 사용되지요.

* 어휘 풀이는 가이드북 13쪽에서 볼 수 있어요.

01 이 글은 어디에서의 생활에 대한 설명인지 찾아 색칠하세요.

잠수함   비행기   우주선

 02 다음 문장의 빈칸에 공통으로 들어갈 낱말을 쓰세요.

지구에는 [   ] 이 있지만, 우주에는 [   ] 이 없다.

 03 이 글을 이해한 내용으로 알맞은 것은 ◯표, 알맞지 <u>않은</u> 것은 ✕표 하세요.

우주선에서는 음식 대신 치약을 먹는다는 사실이 놀라워!

우주인의 똥은 공기가 빨아들여 우주선 밖으로 내보내는구나.

우주선에서 똥을 눌 때는 몸이 떠다니지 않도록 손잡이를 잡아야겠네.

낱말과 놀아요

해왕성

토성

천왕성

화성

목성

금성

지구

수성

13
바른 자세로 말하고 들어요

선생님의 말씀을 제대로 듣고 있지 <u>않은</u> 친구를 모두 찾아 ○표 하세요.

글과 그림을
읽어요

글 읽기

　여러 친구 앞에서 말해 본 적이 있나요? 다른 사람들 앞에서 말을 할 때에는 바른 자세로 말해야 해요. 그렇다면 어떤 자세가 바른 자세일까요?

　우선 양발은 *어깨너비만큼 자연스럽게 벌리고, 허리는 꼿꼿하게 세우고 똑바로 서요. 양손은 자연스럽게 내리거나, 말하는 내용에 따라 조금씩 움직여도 좋아요. 그리고 고개를 들어 듣는 사람을 바라보며, 알맞은 크기의 목소리로 또박또박 말합니다.

　그렇다면 친구나 선생님의 말을 들을 때에는 어떨까요? 이때도 마찬가지로 바른 자세로 잘 들어야 해요. 다리는 가지런히 모으고, 허리는 등받이에 붙이고 앉아요. 양손은 허벅지나 책상 위에 자연스럽게 올려놓아요. 그리고 말하는 사람을 바라보며 귀 기울여 듣습니다.

＊ 어휘 풀이는 가이드북 14쪽에서 볼 수 있어요.

01 빈칸에 알맞은 말을 써서 이 글의 중심 내용을 알아보세요.

말하고 들을 때에는 ⬚⬚ ⬚⬚ 를 가져야 합니다.

02 다음 중 바른 자세로 말하고 있는 친구를 찾아 V표 하세요.

03 주아와 지후에게 해 줄 수 있는 말을 바르게 연결하세요.

주아 •

• 말하는 친구를 보면서 들어야 해.

지후 •

• 허리를 등받이에 붙이고 앉아야 해.

낱말과 놀아요

● 그림을 보고 알맞은 붙임딱지를 붙여 문장을 완성하세요. ●

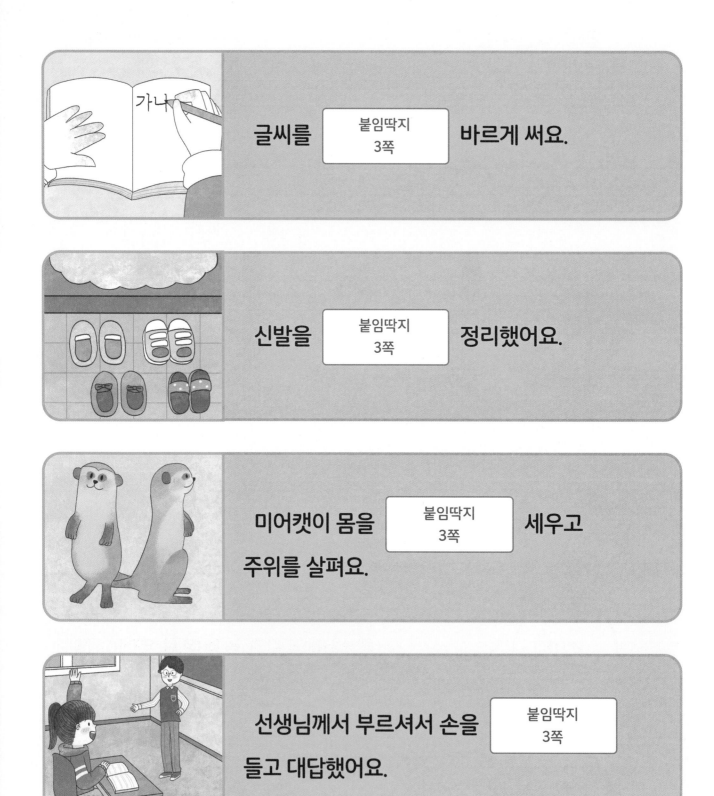

글씨를 [붙임딱지 3쪽] 바르게 써요.

신발을 [붙임딱지 3쪽] 정리했어요.

미어캣이 몸을 [붙임딱지 3쪽] 세우고 주위를 살펴요.

선생님께서 부르셔서 손을 [붙임딱지 3쪽] 들고 대답했어요.

가이드북
15쪽

14
오늘의 날씨를 알려 드립니다

● 두 그림을 살펴보고 서로 다른 부분 5곳을 찾아 ◯표 하세요. ●

글과 그림을 읽어요

글 읽기

3월 28일 토요일, 오늘의 날씨를 알려 드립니다.

오늘은 중국 쪽에서 몰려온 *황사가 전국을 뒤덮겠습니다. 공기가 좋지 않은 가운데, 구름도 많아서 하루 종일 흐리겠습니다. 황사는 일요일인 내일 오전까지 이어지겠습니다. 하지만 내일 오후부터는 기다리던 봄비가 내릴 것으로 예상됩니다. 비가 내리고 나면 공기가 한결 깨끗해지겠습니다. 다만 황사가 비와 함께 섞여 내리기 때문에 우산을 꼭 쓰시는 것이 좋습니다.

다음 주 월요일부터 수요일까지는 낮 기온이 20도까지 껑충 오르면서 맑고 포근한 봄 날씨가 이어지겠습니다. 목요일에는 전국이 흐려지고, 금요일에는 다시 봄비가 내릴 *전망입니다. 날씨였습니다.

* 어휘 풀이는 가이드북 15쪽에서 볼 수 있어요.

가이드북
15쪽

01 이 글에서 알려 주는 내용은 무엇인지 한 단어로 쓰세요.

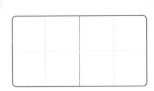

02 이 글을 읽고 붙임딱지를 붙여 다음 주 날씨를 간단히 나타내 보세요.

월요일	화요일	수요일	목요일	금요일
	붙임딱지 3쪽	붙임딱지 3쪽	붙임딱지 3쪽	붙임딱지 3쪽

03 이 글을 읽은 친구들의 반응으로 알맞지 <u>않은</u> 것을 찾아 V표 하세요.

오늘은 황사 마스크를 쓰고 나가야겠어.

이번 주말에는 실내에서 노는 것이 좋겠어.

다음 주는 날씨가 추워진다니 외투를 입어야겠어.

날씨에 대한 낱말을 따라 쓰고, 어떻게 행동해야 하는지 알아보세요.

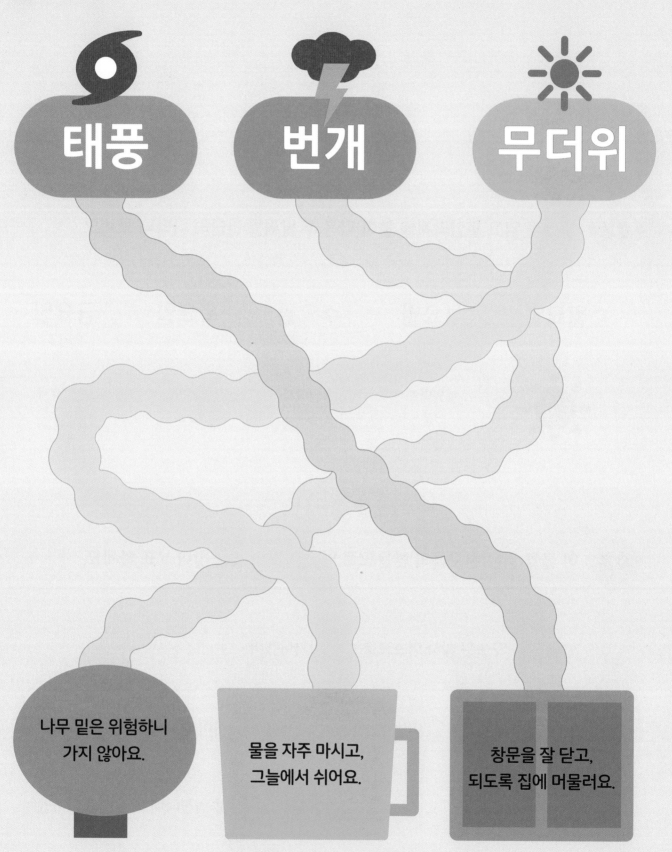

태풍

번개

무더위

나무 밑은 위험하니 가지 않아요.

물을 자주 마시고, 그늘에서 쉬어요.

창문을 잘 닫고, 되도록 집에 머물러요.

가이드북
16쪽

15
무지개다리를 만들어요

🌸 우리 집에 있는 일곱 색깔의 물건을 찾아 그 이름을 써 보세요.

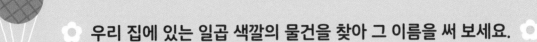

글과 그림을 읽어요

글 읽기

작은 관을 통해 아래에서 위로 물이 올라오는 것을 *모세관 현상이라고 해.
실험을 통해 모세관 현상에 대해 알아보자.

실험 준비물

투명 컵 6개

물

3가지 색 물감
(노랑, 빨강, 파랑)

나무 막대

물티슈 5장

실험 방법

1. 3개의 컵에 물을 담고, 각각 다른 색의 물감을 넣어 나무 막대로 섞는다.

2. 물감 컵 사이사이에 빈 컵이 오도록 6개의 컵을 둥글게 놓는다.

3. 물티슈를 접어서 컵과 컵 사이에 하나씩 걸쳐 놓는다.

실험 결과

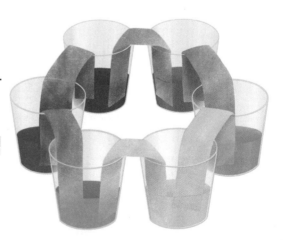

• 물감 컵의 물이 물티슈를 통해 빈 컵으로
옮겨 간다.

• 빈 컵에 채워지는 물은 양쪽 컵의 물감 색
이 섞여 새로운 색이 된다.

01 이 실험은 무엇을 알아보기 위한 것인지 찾아 색칠하세요.

중력

황사 현상

모세관
현상

02 이 글을 읽고 실험 순서에 맞게 빈칸에 1~3의 번호를 쓰세요.

03 다음 두 가지 색이 섞이면 어떤 색이 되는지 붙임딱지를 붙여 보세요.

빨강 **+** 노랑 **=** 붙임딱지 3쪽

노랑 **+** 파랑 **=** 붙임딱지 3쪽

파랑 **+** 빨강 **=** 붙임딱지 3쪽

낱말과 놀아요

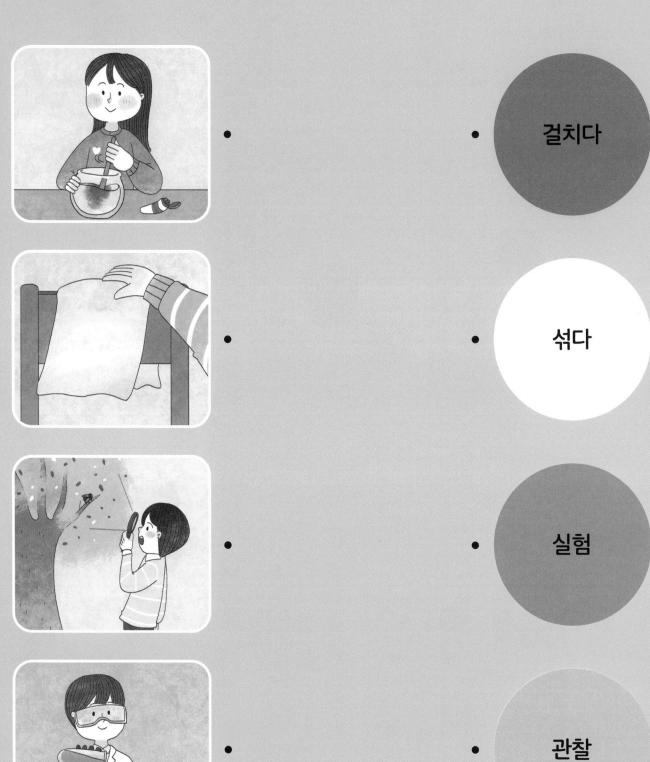

걸치다

섞다

실험

관찰

16
멕시코의 특별한 사탕 주머니

● <보기>의 순서대로 놓인 사탕을 가로, 세로, 대각선 방향에서 모두 찾아 묶으세요. ●

안녕, 지수야.

그동안 잘 지냈니? 이곳 *멕시코는 여전히 태양이 강렬하게 내리쬐고 있어. 그리고 나는 어제 피냐타를 터트리며 즐거운 생일 파티를 했어.

피냐타가 뭐냐고? 피냐타는 사탕이나 과자, 초콜릿 등을 가득 채워 만든 종이 인형이야. 멕시코에서는 생일이나 크리스마스처럼 특별한 날에 피냐타를 준비해. 동물이나 장난감 등 여러 가지 모양으로 피냐타를 만드는데, 특히 크리스마스 때는 *전통적으로 7개의 뿔이 달린 별 모양의 피냐타를 준비하지.

어제 내 피냐타는 멋진 뿔이 달린 말 모양이었어. 친구들은 노래를 부르고, 나는 눈을 가린 채 막대기로 높은 곳에 걸어 둔 피냐타를 찾아 힘껏 내리쳤지. 여러 번 치다 보니 결국 피냐타가 풍선처럼 펑 소리를 내며 터졌어. 피냐타에서 쏟아진 사탕과 과자는 모두 함께 나누어 먹었어. 어때? 정말 신났겠지?

네가 멕시코에 놀러 오면 내가 꼭 멋진 피냐타를 선물할게. 그럼 또 편지할게.

너의 친구, 라일리가

* 어휘 풀이는 가이드북 17쪽에서 볼 수 있어요.

01 라일리가 지수에게 설명해 준 것은 무엇인지 쓰세요.

02 전통적으로 크리스마스에 준비하는 피냐타의 모양을 찾아 ◯표 하세요.

03 피냐타에 대한 설명으로 알맞은 것은 ◯표, 알맞지 <u>않은</u> 것은 ✕표 하세요.

크리스마스에만 사용하는 종이 인형이다.

높은 곳에 걸어 놓고 막대기로 터트린다.

안에는 사탕이나 과자 등으로 채워져 있다.

낱말과 놀아요

넘뛰기

윷놀이

연날리기

제기차기

17
낮과 밤은 왜 생길까?

🌸 밤에 활동하는 동물들을 붙임딱지에서 찾아 붙여 보세요. 🌸

부엉이

붙임딱지
3쪽

나방

붙임딱지 3쪽

붙임딱지
3쪽

박쥐

너구리

붙임딱지
3쪽

붙임딱지
3쪽

수달

고슴도치

글과 그림을
읽어요

글 읽기

지금 밖에 해가 떠 있나요? 해가 떠 있다는 것은 지구가 태양을 바라보고 있다는 거예요. 그런데 지구는 둥글게 생겼죠. 한쪽이 해를 보면, 반대쪽은 볼 수 없다는 뜻이에요. 즉 지구에서 태양을 바라보는 쪽은 낮, 그 반대쪽은 밤이죠.

그렇다면 지구에서 우리가 있는 쪽은 늘 낮이거나, 혹은 늘 밤이어야 하는데 왜 낮도 있고 밤도 있는 걸까요? 그건 지구의 움직임 때문이에요. 지구는 빙그르르 도는 *자전을 해요. 지구가 하루에 한 바퀴씩 자전을 하기 때문에 우리는 하루에 한 번씩 밝은 낮과 어두운 밤을 맞게 되는 것이랍니다.

낮과 밤은 밝고 어둡다는 차이뿐만 아니라 지구의 온도에도 영향을 줘요. 낮에는 태양의 빛과 함께 뜨거운 열을 받아 기온이 높아져 따뜻한데, 밤에는 열을 받지 못해 낮보다 기온이 낮아요.

＊ 어휘 풀이는 가이드북 18쪽에서 볼 수 있어요.

12시간 후 →

01 낮과 밤이 생기는 이유는 무엇 때문인지 찾아 색칠하세요.

지구의 자전   태양의 자전   지구의 온도

 02 이 글의 내용으로 알맞은 것을 모두 찾아 V표 하세요.(2개)

낮과 밤이 하루에 한 번씩 번갈아 생긴다.

지구는 하루에 두 바퀴씩 스스로 돈다.

밤에는 태양을 보고 있지 않아 낮보다 쌀쌀하다.

 03 다음 그림 속 상황에서 지구의 '낮'과 '밤'이 각각 어느 쪽인지 쓰세요.

낱말과
놀아요

눈

밤

배

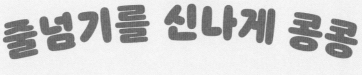

가이드북
19쪽

_____월 _____일에
공부했어요

18
줄넘기를 신나게 콩콩

● 친구들이 줄을 사용하는 놀이를 할 수 있도록 줄을 그려 보세요. ●

글과 그림을
읽어요

글 읽기

'줄넘기'는 줄의 양쪽 끝에 있는 손잡이를 잡고 돌리면서 그 줄을 뛰어넘는 운동이에요. 두 손에 손잡이를 하나씩 나눠 쥐고, 두 발을 함께 모아서 뛰는 '두 발 모아 뛰기'가 줄넘기의 가장 기본 동작이에요. 또 제자리에서 발을 번갈아 뛰며 줄을 넘는 '두 발 번갈아 뛰기' 동작도 있죠.

줄넘기는 팔과 다리를 모두 사용하는 운동이라서 우리 몸이 *균형 있게 클 수 있도록 도와줘요. 그리고 시간이나 장소에 크게 영향을 받지 않아서 언제 어디서나 쉽게 할 수 있죠. 또 혼자 할 수도 있고, 친구와 짝을 짓거나 여럿이 함께 할 수도 있어요.

줄넘기 중에서 음악에 맞추어 여러 가지 동작과 율동을 곁들여 하는 줄넘기를 '음악 줄넘기'라고 해요. 음악 줄넘기는 보통 여럿이 함께 하는데, *리듬감을 기를 수 있고 스트레스 해소에도 도움이 돼요.

* 어휘 풀이는 가이드북 19쪽에서 볼 수 있어요.

01 이 글에서 소개하고 있는 운동을 찾아 색칠하세요.

멀리뛰기   줄넘기   리듬 체조

 02 그림 속 줄넘기 동작의 이름을 바르게 연결하세요.

• 　두 발 모아 뛰기 •

• 　두 발 번갈아 뛰기 •

 03 줄넘기의 좋은 점을 모두 찾아 V표 하세요.(2개)

혼자서만 할 수 있는 운동이라 자유롭다.

음악 줄넘기는 리듬감을 키울 수 있다.

몸이 균형 있게 자랄 수 있도록 돕는다.

낱말과 놀아요

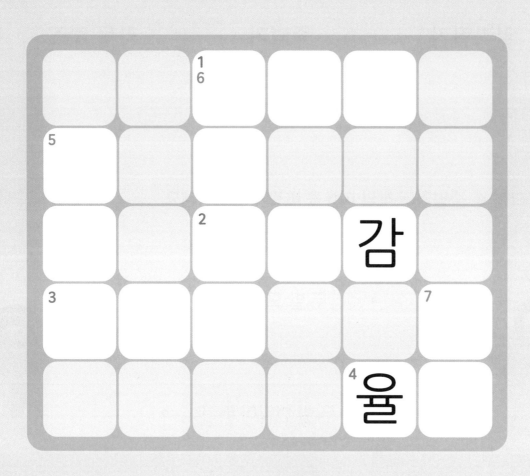

1 줄의 양쪽 끝을 잡고 돌리며 뛰어넘는 놀이

2 일정한 음악적 규칙에 따라 반복되며 움직이는 느낌

3 빠른 속도로 움직여 뛰는 일

4 음악에 맞추어 하는 체조

5 대회에서 우승한 사람에게 주는 메달

6 편을 갈라서 굵은 밧줄을 마주 잡고, 서로 당겨서 승부를 겨루는 놀이

7 건강을 위해 몸을 움직이는 일

19
얼씨구절씨구, 우리의 사물놀이

✿ 알맞은 자리에 붙임딱지를 붙여 그림을 완성해 보세요. ✿

풍물 한 마당

붙임딱지
4쪽

붙임딱지
4쪽

붙임딱지
4쪽

글과 그림을
읽어요

글 읽기

사물놀이는 네 사람이 각각 꽹과리, 징, 북, 장구를 가지고 *어우러져 치는 놀이예요. 이 네 가지 악기는 모두 채로 악기를 두드려서 소리를 내는 *타악기 인데, 그 소리에는 자연의 모습이 담겨 있다고 해요.

우선 둥근 달처럼 생긴 꽹과리는 천둥번개가 치는 듯한 강렬한 소리를 내요. 그 소리로 사물놀이를 이끄는 *지휘자 역할을 하죠.

징은 꽹과리처럼 쇠로 만든 둥근 악기지만, 꽹과리보다 훨씬 더 커요. 큰 종 을 치는 것처럼 부드럽고 길게 울리는 소리가 꼭 바람이 부는 것 같다고 하죠.

둥근 통에 가죽을 씌워 만든 북은 둥둥 힘차게 울리는 소리를 내요. 그 소리 가 꼭 하늘에 뭉게뭉게 피어오른 구름을 떠올리게 한다고 해요.

마지막으로 장구는 허리가 잘록한 통의 양쪽에 가죽을 대어 만든 악기예요. 앞서 설명한 세 가지 악기는 1개의 *채로 연주하는데, 이와 다르게 장구는 2개 의 채로 연주해요. 그 소리는 쉴 새 없이 떨어지는 빗소리를 닮았어요.

* 어휘 풀이는 가이드북 20쪽에서 볼 수 있어요.

01 꽹과리, 징, 북, 장구를 치는 악기 놀이의 이름을 찾아 쓰세요.

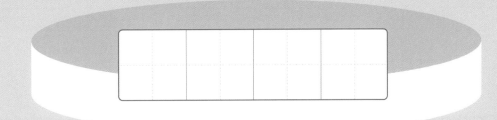

02 사물놀이의 악기 중, 연주하는 채의 개수가 나머지와 <u>다른</u> 하나를 색칠하세요.

꽹과리   징   북   장구

03 사물놀이의 악기와 그 악기가 나타내는 자연의 모습을 바르게 연결하세요.

낱말과 놀아요

 맞춤법이   다르다   틀리다 .

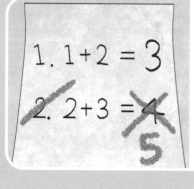 문제의 답이   다르다   틀리다 .

 두 옷의 색깔이   다르다   틀리다 .

 두 친구의 생각이   다르다   틀리다 .

___월 ___일에
공부했어요

20
북극곰과 바다거북은 내 친구

가이드북
21쪽

● 1부터 22까지의 숫자를 차례대로 이어서 그림을 완성해 보세요.

83

글과 그림을
읽어요

글 읽기

북극곰은 북극 바다의 얼음 위에서 살고 있어요. 얼음 구멍에서 물고기나 바다표범을 사냥해서 먹이를 얻지요. 그런데 지구가 따뜻해지면서 얼음이 점점 녹고 있어요. 그래서 북극곰들은 먹이를 구하기 힘들어지고, 살 곳을 잃어가고 있답니다. 이렇게 지구의 온도가 높아지는 건 우리가 쓰는 여러 물건들을 만들 때 나오는 *온실가스 때문이에요. 나무가 온실가스를 흡수할 수 있지만, 너무 많은 온실가스가 생기고 있어요.

바다거북은 100년까지도 살 수 있는 동물로 알려져 있어요. 하지만 바다가 오염되면서 매년 많은 바다거북이 죽어가고 있어요. 죽은 바다거북의 몸속에서 플라스틱이나 비닐과 같은 쓰레기가 발견된다고 해요. 지금도 바다에는 수많은 쓰레기가 버려지고 있어요. 그 쓰레기들은 바다를 둥둥 떠돌다 바다 위에서 거대한 쓰레기 섬이 되기도 해요.

북극곰과 바다거북은 지구에서 우리와 함께 살아가는 친구들이에요. 그 친구들을 지켜 주기 위해 우린 어떤 일을 할 수 있을지 고민해 보기로 해요.

＊ 어휘 풀이는 가이드북 21쪽에서 볼 수 있어요.

가이드북
21쪽

 01 이 글에서 설명하고 있는 동물을 모두 찾아 색칠하세요.(2개)

북극곰 　펭귄　 바다거북

 02 이 글에 나타난 문제 상황을 모두 찾아 V표 하세요.(2개)

지구가 점점 따뜻해지고 있어요.

플라스틱 사용이 줄어들고 있어요.

바다에 많은 쓰레기가 버려지고 있어요.

 03 북극곰과 바다거북을 위해 할 수 있는 일이 <u>아닌</u> 것을 찾아 ◯표 하세요.

재활용을 위해
분리수거를 해요.

나무를 심고 가꿔요.

비닐 봉투를 사용해요.

낱말과 놀아요

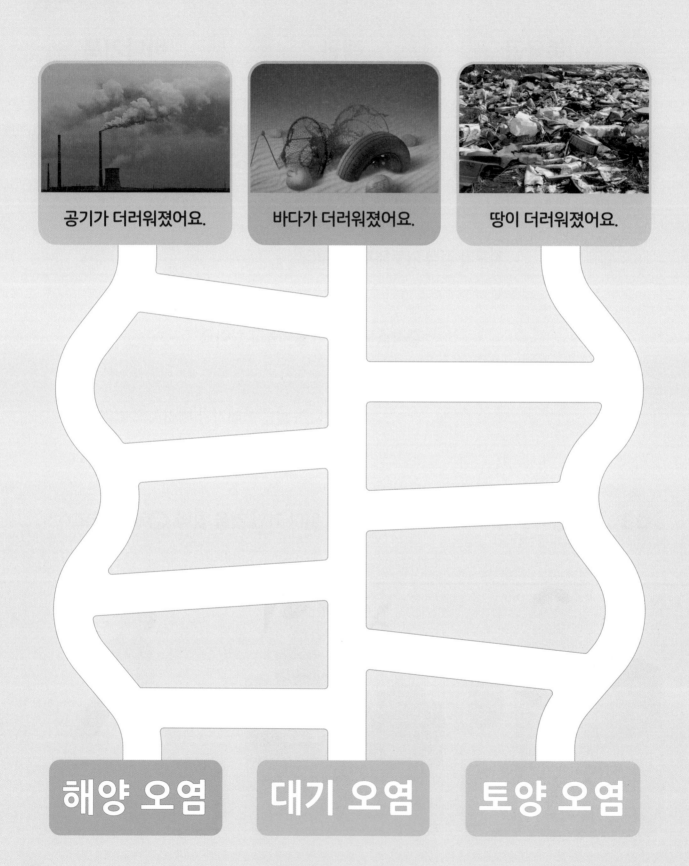

사다리를 타고 내려가 환경 오염의 종류를 따라 쓰세요.

공기가 더러워졌어요.

바다가 더러워졌어요.

땅이 더러워졌어요.

해양 오염

대기 오염

토양 오염

공부력 독해 시작하기 2권의
학습을 모두 마쳤어요!
최고예요!

공부력 독해 시작하기 2권에서
내가 가장 재미있었던 글은

입니다.

글의 내용을 그림으로 그려 봐요!

공부를 마친 날짜   년   월   일

7쪽

11쪽

17쪽

붙임딱지
2쪽

29쪽

31쪽

  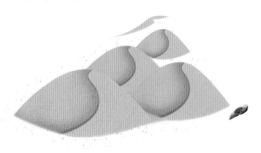

37쪽

45쪽

58쪽

번쩍　　　가지런히　　　또박또박　　　꼿꼿하게

61쪽

65쪽

71쪽

79쪽

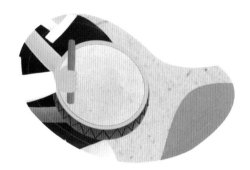 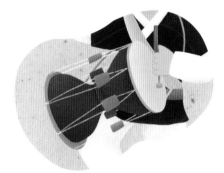 

진도표에 붙여요.